絶品 空の下ごはん

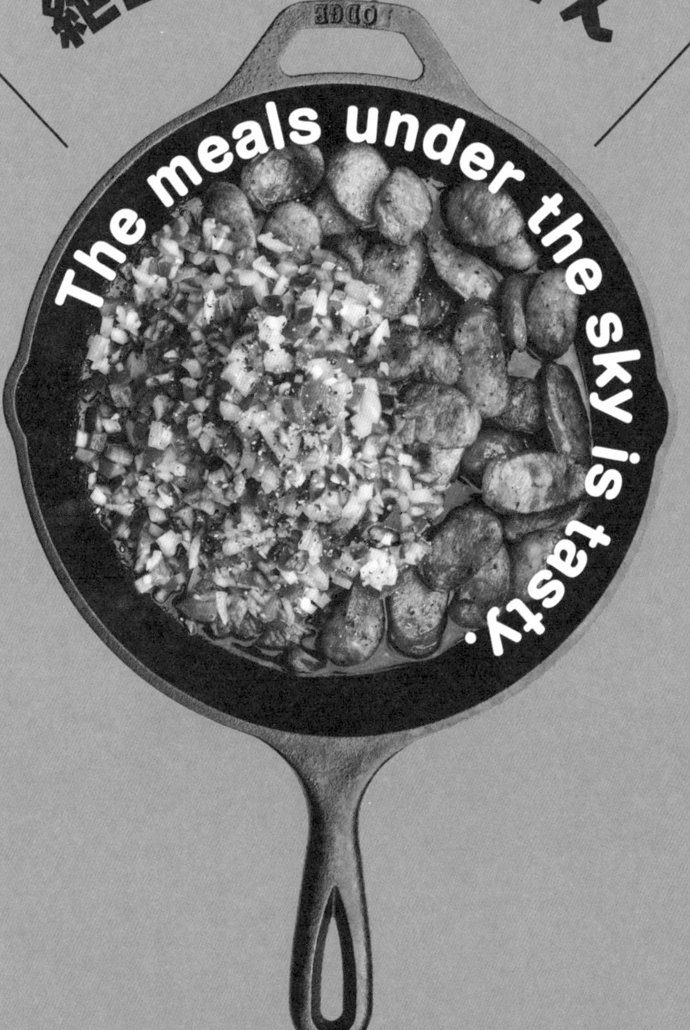
The meals under the sky is tasty.

世界文化社

はじめに

自分や誰かを思って「作る」「食べる」
そんな幸せを伝えたい――

おいしい料理とは、味がおいしいのは当然ですが、食べるときの環境や気持ちで、味わいがより豊かになるものではないでしょうか。

空の下で大切な誰かと、あるいは自分へのご褒美で頬張るごはんは格別です。

11人の作家が描く料理は、どれもとってもおいしそうで、漫画ならではの表現力で食事の場の雰囲気を読む者に伝えてくれます。

そして今回、アウトドアコーディネーターで料理人の小雀陣二氏監修により、漫画に出てきた全ての料理の再現レシピを収載しています。

味はもちろん、物語も含めた「おいしいレシピ」を堪能できる一冊ができました。

「心温まる」あるいは「ちょっと笑える」物語と、とびきりおいしいレシピ。

両方を余すところなく、お召し上がりください。

この本について

レシピの見方

●分量は調理道具により作りやすい分量としています。

●材料表のg数は、廃棄分（皮や芯など）を含んだおよその重量としています。

●材料は、砂糖は上白糖、塩は精製塩、酒は清酒、しょうゆは濃口しょうゆ、バターは食塩使用、卵はM玉を使用しています。

●計量の単位は、大さじ1＝15㎖、小さじ1＝5㎖、1カップ＝200㎖、1合＝180㎖としています。

料理監修

小雀陣二【こすずめ・じゅんじ】

アウトドアメーカー勤務などを経て、アウトドアコーディネーター兼料理人に。『焚き火料理の本』（山と渓谷社）、『〝無人地帯〟の遊び方 人力移動と野営術』（共著・グラフィック社）など、アウトドアや料理関連の書籍を多数手がける。アウトドアや料理の魅力を発信する傍ら、神奈川県三浦半島にてカフェ「雀家」を営む。

絶品 空の下ごはん 目次

その1

これで作ろう！ キャンプめし

ダッチオーブン

煮込み、蒸し、炒め、
全てができる万能鍋。
アウトドアではもちろん、
自宅でも、これ1つで
料理の幅が広がる。

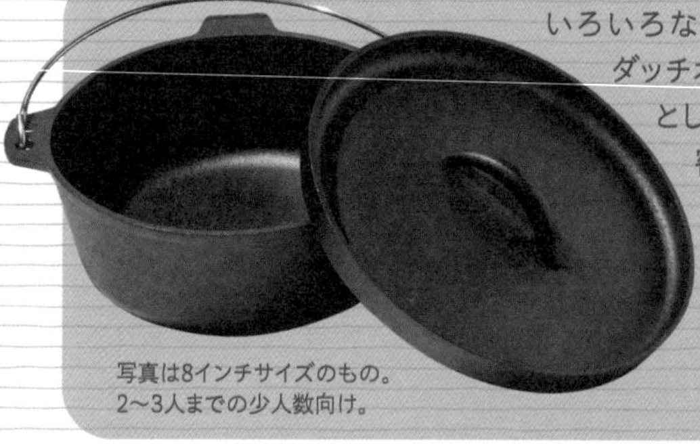

いろいろな調理法が可能なダッチオーブン。しっかりとしたフタの重みで、密閉性にも優れ、食材の旨味を引き出す。

写真は8インチサイズのもの。
2〜3人までの少人数向け。

底網を使用することで、蒸し焼きも可能。ダッチオーブンと一緒に揃えたいクッカー。

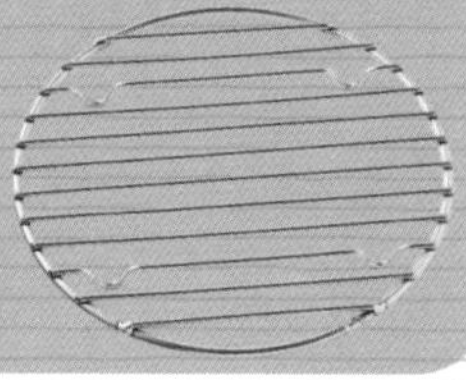

ユニフレーム／
ダッチオーブン底網8インチ用

ダッチオーブンの手入れ

★★★

鋳鉄製のダッチオーブンは、オイルを使った手入れが不可欠。何度も手入れを繰り返すことで、徐々にオイルが鉄鍋に馴染んでいき、錆びにくく、料理も焦げにくくなっていきます。

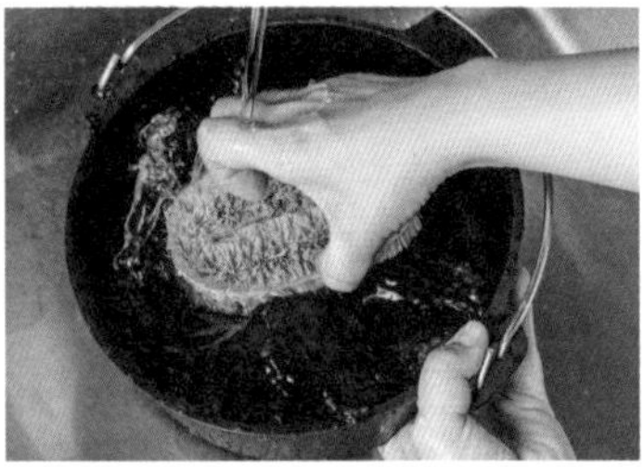

①お湯で汚れをOFF

鍋が冷めたら、たわしとお湯で優しく汚れを落とします。素材にもよりますが、ステンレス製を除く多くのダッチオーブンは使用後の手入れで洗剤の使用がNGなので注意。

②火にかけ水気をとばす

水滴が残っていると、サビの原因になるため、軽く水気を切ってから乾くまで火にかけます。
ダッチオーブンが高温になるので、やけどに注意。

③オイルを補給

調理によって失われた油分を補給。酸化しにくいオリーブオイルを使用するのが良いですが、自宅にある料理用の油でもOK。

④全体にオイルを塗る

オリーブオイルをキッチンペーパーなどにしみ込ませ、ダッチオーブンの内側や外側、底まで全体に薄く塗り込んでいきます。またすぐに使用する場合は、塗らなくてもOK。

⑤フタにもオイルを塗る

フタもサビ防止のため、オリーブオイルを塗るのをお忘れなく。

しぶといニオイ&汚れには…

ねぎやにんにくなどの香味野菜のクズを油で炒めると、サビや焦げによって増した鉄臭さが和らぎます。

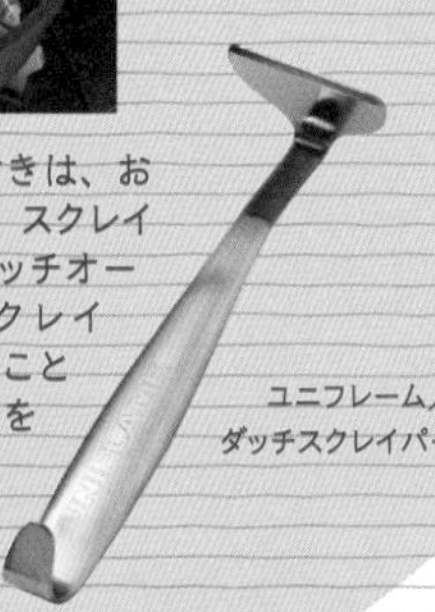

ガンコな焦げ付きは、お湯でふやかして、スクレイパーを使用。ダッチオーブン専用のスクレイパーを使用することでしっかり汚れを落とせます。

ユニフレーム／ダッチスクレイパー

その2

これで作ろう! キャンプめし

スキレット

ハンドル(持ち手)から鍋部分まで鋳鉄製のスキレット。
高い蓄熱性から、その使い勝手は抜群で、キャンプで大活躍の万能クッカー。
調理後そのまま食卓に出しても様になる、おしゃれで便利なフライパン。

スキレットのフタがあると、上からも熱を加えることが可能になり、料理の幅がぐんとアップ!

鋳鉄製のハンドル(持ち手)は調理時には熱くなるため、やけどに注意。スキレット用のハンドルカバーも販売されている。

焼き、炒めが得意なスキレットだが、深さのあるものであれば煮込みもOK。熱がムラなく伝わるため、食材のおいしさを逃さない。

菊屋株式会社／スキレットパン&蓋セット20cm

いいなあ…
ソロキャンプかあ…
大自然の中で食べるご飯っておいしいだろうなあ…
んー？
なんだ由美《ゆみ》お前またキャンプ動画観てんのか？
う…うるさいなあほっといてよお兄ちゃん!!
Recipe.1
ソロキャンプはじめてみた
市川ヒロシ

そんなに行きたきゃ行けばいいじゃねーか
あ…あのねえ…そんなに簡単に言わないでくれる？
まあ お兄ちゃんは友達いなくてしょっちゅうソロキャンプ行ってるから大したことないと思ってるんだろうけど…
ヤレヤレ
オイ ひと言多いぞ…
だってあたしテントなんて張ったことないし焚き火なんて何をどうすればいいかすらわかんないし…
あとやっぱり夜に真っ暗の中テントに1人で寝るのは若き乙女として抵抗が…
あのさ…何もテントなんか張らなくたっていいんだぞ？
え…？どゆこと？
オートキャンプ場なら車で乗り付けれるから車中泊すりゃあいい
寝る時は車にカギかけときゃ安全性はバッチリだ

な…
なるほど…
確かにイスとテーブルさえあればキャンプっぽい雰囲気になる…
あ〜でもやっぱダメ!!
薪《まき》を割って火をおこしてそこで料理するなんてあたしにはハードル高すぎる!!
ほらコレ貸してやるよ
SOTO
Sparked by nature
な…なにそれ？ゲーム＆ウオッチ!?
お前19なのによくそんな古いモン知ってるな…
ツッコめるオレもオレだが
コレはここを開いて
かぱっ
中に収納されてる部品をセットして
カチャッ
その先にボンベを装着すれば…
スチャッ

ほれ携帯用バーナーの完成だ!!
か…かっこいい!!
料理はコレでやればいい別に焚き火をしなきゃいけないなんてルールはない
自分に合うスタイルで自由にやるのがキャンプだ
ついでに車も貸してやる
もう行くしかねーな?
う…
いつも観ている小さな画面では想像もつかない世界が広がってる!!
行ってみないとわからないぜ?
…………!!!

バタン
ふう
着いたー!!!
富士山の絶景が見られるふもとっぱらキャンプ場!!
前からずっと来てみたかったんだよねえ…

イスを組み立てて…
テーブルもセットして…
本日の居場所完成〜!!
ぐーー…
お…落ち着いたらお腹減ってきた…
よーし はじめてのキャンプ飯《めし》作るぞーっ!!
材料いちらん
ミニトマト
ちょっと良いソーセージ
黄パプリカ
玉ねぎ
ピーマン
あと オリーブオイルも
チューブのにんにく
タバスコ
黒こしょう
塩
レモン汁
このメニューも前にキャンプ動画で観て
いつか行った時絶対作ろうと思ってたんだ〜

玉ねぎ・ピーマン・パプリカ・ミニトマトを全部同じ大きさにみじん切りにして…
ザク
ザク
玉ねぎだけは辛みを取るために塩を入れてよく揉《も》み水に5分ほどさらしておく
5分経ったら水気をよく切り他の野菜と一緒にボウルへ
そこへチューブ入りにんにくと塩と黒こしょうにレモン汁…
さらに好みの量のタバスコを入れて全体をよーく混ぜれば…
ピッ
ピッ
カンタン!!
特製サルサソースの完成〜〜!!
そしたらソーセージをカットして…
バーナーにセットしオリーブオイルを入れたスキレットで焼く!!
ジュウウ
ウウ…
わあ〜いい香りしてきた〜!!
早く食べたい〜

そして焼けた
ソーセージの上に
さっき作った
サルサソースを…
豪快にかける!!
ジュワワワワワワワ…
焼きソーセージの
サルサソースのせの
でき上がり〜!!!
いいじゃーん
いいじゃーん!!
パシャ
パシャ
この彩《いろど》り
めっちゃ映《ば》える!!!
この絶景との
相性も最高っ!!
パシャ
パシャ

と…
写真撮るのはこのくらいにして…
いただきまーす
サルサソースをたっぷりつけて…
アツいかな…
んんんっ!!?
おいしーっ!!!
ソースの具材のシャキシャキした歯応えとジューシーでアツアツプリプリのソーセージの相性バッチリ!!
うんうん!
このソースのさわやかなタバスコの辛味とにんにくの風味がさらに食欲をそそるんだなあ〜

あっ
忘れてた!!
はむっ
次来た時は
お米も炊いてみよう…
ズズ…
日が暮れてきて
少し寒くなってきた
身体《からだ》に染み渡る…
さてさて
さっき撮った写真を
インスタにアップ
しよっかな…!!!
これはめっちゃ
「いいね」
貰えそう～!!

富士山が夕陽で…
赤く染まってる…

お兄ちゃんの言った通り…
いつも観ている小さな画面からは想像できない世界が広がってる…
今はスマホなんて観てる場合じゃない
この瞬間を自分の目で見とかなきゃね…!!
おぉー由美か?
どした?
あっ!! さてはお前真っ暗な中1人で怖くて電話してきたんだろ?
ち…違うっ!! そんなんじゃ…
あっそ? じゃ用事ないなら切るぜ?
あー!! ちょ…ちょっと待って!! え…えーとね…

ガヤ
お昼一緒にたべよ～
ガヤ
次の授業なんだっけ？
化学じゃない？
うわあ 化学か～ 私だけみんなと班が違うから嫌だな～
誰と一緒なんだっけ？
岩崎《いわさき》さんたち
わ～…
Recipe.2 秘密の友情アンチョビチーズ
悪い人じゃないんだけどさ
キラキラしてるというか…
私たちと住む世界が違うんですよ
星月せれな

花《はな》ちゃんもそう思わない？
え
ん〜〜〜
住む世界が違うってほどではないかも…？
まぁ 花はちょっと天然だしな…
え!? 天然じゃないよ!!
ピロン
12:47
岩崎
明日暇でいい？
でさー おばさんが急にぶつかってきてー
あの時さー
もー!!
いつもその話するー

次は廻々崎～
コクッ
花!!
シュー…

岩《いわ》ちゃん!! お待たせ!!
じゃあ 行こっか!!
花〜
机は ここでいい？
うん!! ありがとー
よしっ
パチ パチ

コト
では!!
食材担当の
花さん!!
今日のレシピを
教えてください!!
今日は
カリフラワーとアンチョビの
チーズかけ
を作りますっ！
まず
スキレットに
水とカリフラワーと
アスパラを入れて
蒸し焼きにします
ザァー
蒸し終えたら
中身を一度出して
スキレットに
オリーブオイルと
なすを入れます
なすにオリーブオイルが
吸われていく〜〜〜…
わ〜…

カリフラワーとアスパラを戻して
じゃん!!
アンチョビ!!
おお〜
オイルと野菜を絡《から》めて…
アンチョビを入れて〜
チーズをかけてフタ!!
炭をフタの上に…
こわい…

チーズが溶けたら…
パカ
カリフラワーとアンチョビのチーズかけ
完成〜〜!!
じゃーん

おいしそー
ちょっと味見しちゃおっか
わ〜い!!
パクッ
…
おっいし〜〜〜!!

めちゃくちゃおいしくできてるじゃん!!
パクッ
もうひと口食べちゃお〜
あ〜!!ちょっと!!
…なんか中学の時に戻ったみたいだね
高校でも今みたいに接してくれればいいのに…
すごい嫌がるし…
だって学校の岩ちゃんちょっと怖いんだもん!!
え
私の友だちにも「キラキラしてて住む世界が違う」って思われてるんだよ!?
……それにまあ…この関係も
2人だけの秘密って感じがして良くない…?

ふふ なにそれ
ちょっと!! 笑わないでよ!! 恥ずかしくなってきちゃったじゃん!!
あはは
ごめんごめん さ!! 支度しよ!!

キャンプのすべては火おこしから始まる
だから火おこしこそが人がアウトドアで生活するキャンプの本質といっても過言ではない
カチッ
カチッ
厳粛な気持ちで打ち金を打ちつける——
おーい食太郎《くうたろう》〜
火をおこしたぞー
火加減こんなもンでいいのかー
ブブォオォ…
Recipe.3
出会いの決め手は五香粉《ウーシャンフェン》
伊藤伸平

池目《いけめ》——
食太郎キャンプの本質を見誤るな!
え…すべてを自分の手でやるのが楽しいんじゃないのか
どうせおまえは火おこしに1時間ぐらいかかるだろう
ネットの動画ではすぐ火が点《っ》いてたし
キャンプの本質!
ソレはキャンプ女子っ!!
はあ
自然は好きだが虫はキライなキャンプ女子は騎士の助けを待っている!

火おこしもできず 力《ちから》仕事もムリな おまえには キャンプ女子を おもてなしする うまいメシを 作ってもらう
清々《すがすが》しいほど 動機が不純 だなー
用具は 買いそろえたから ネットでも何でも 参考にして 使いこなせ
指定された 食材も 用意した
屋根のない 場所で 料理するの 初めてだよ
おおっ 重い…
開放感が あって いいぞ たぶんな
それは ダッチオーブン といって キャンプでは イロイロ使い勝手が いいらしい
頼むぞ! おまえは見た目が もっさりして いるが 作る料理は 絶品だからな
ホメてるん だよな
いくぞ 鳥牧《とりまき》!
火加減は 火との距離で 調節—— なるほどなあ
米…コメ… 米はどこだ ——あ… コレは いさぎよいな

カチ
カチ
うーん
ネットの動画じゃ
カンタンに
点いてたのになー
よろしければ
手伝いましょう
だいじょぶ
でえーす
でも
お困りで
しょう
遠慮なさ
らずに——
いざとなれば
コレ使いますから
ご親切に
どーも
カチ
カチ
ですよね〜〜

むう…これは想定外の展開——
うむ そこらのホームセンターで買えるモノを持ってるタイプは想定外だったな
コトコトコト
まず にんにくとしょうがをみじん切りにするところだがココもいさぎよくチューブ入りので時短をはかる
トン
ねぎの青いとこはあとで使うのでとっとく
ねぎの白いとこを少し厚めの小口切りにして——
トントントン
色がつくまでじっくり炒める
焦がさないように火力を弱めにして少し時間をかけるよ
ジャー
ガッガッガッ

はい ここで——
特売の豚バラ〜〜〜〜!!
広告の品
広告品
683円
本体価格
738
税込価格(円)
メキシコ産
輸入豚バラブロック
保存温度4℃以下
切って 切って
また 切って
にんにくとしょうがを加え香りが立ったら
ジャッ
ジャッ
豚バラを投入！キメ手の五香粉《ウーシャンフェン》を加えて絡《から》める——
おほっ タマらん!!
ジュワァ〜〜

砂糖としょうゆ酒と水を加え煮る――
アクを取りさっきのねぎの青いとことゆで玉子を入れ
ここで香り強化の〝追《お》い八角《はっかく》〟をひと粒
火加減弱めて煮込む!
おおっ
たまらん!
あ?手伝い?いらねーよ
1人で全部できないヤツがソロキャンプするかよ
わたしカワイイじゃないですかあ
ナニかっつうと君たちみたいなワケ知り顔の男子が横から手を出してきて自分ひとりじゃ何もやらせてもらえないんですよう
そーゆーのウザくて1人になりにこーゆーところに来てるんですよワカんないかなあ
失礼しました
うん?

考えが浅かった
おまえにしちゃ考えた方だろう
——って
ぐぅ〜
おい！
悲しくても腹はへるなあ…
だが俺はあきらめん！行くぞ鳥牧！
え…まだ行くの？
んーいい具合に煮詰まってきた
白ご飯に汁ごとかけて——
ゆで玉子も忘れずに
別にゆがいたチンゲン菜など彩《いろど》りにそえて
完成！魯肉飯《ルーローハン》!!
たっぷりしみ出た肉の脂を甘辛いタレと五香粉のさわやかな香りが包み込む珠玉の一品となっております！

実食！
んー！白ご飯に絡む肉汁とタレがたまらん
あの…なんか――いい匂いしません？
あ やっぱりします？
アレかな…？
よかったら味見してください
え…
あ…大丈夫ですぅ〜
ほわン
む…
それじゃひと口だけ――
おいしい――！

食太郎〜 メシ〜〜〜
腹が減っては ナンパは できぬよ〜
へええ これ八角って いうんですか
硬くて食べ られないけど 香りが 強いんですよ
ほんとに角が 8つある！
あ
やあ お帰り！
なんか 俺のメシ 評判よくって さあーー！
んー ゆで玉子 たまらん！
ナンか 民話の オチに よくある 光景だな
うまいな。

絶品 空の下ごはん

★★★

絶品レシピ#1

焼きソーセージの
サルサソースのせ

カリフラワーと
アンチョビのチーズかけ

魯肉飯《ルーローハン》

ジュワワワワワ
焼きソーセージのサルサソースのせのでき上がり〜!!!

Recipe.1
「ソロキャンプはじめてみた」
（市川ヒロシ）

焼きソーセージのサルサソースのせ

調理時間 15min

使用アイテム スキレット ＋ バーナー

材料(2人分)

ソーセージ	大4本
オリーブオイル	大さじ1
サルサソース	
玉ねぎ	小1個(100g)
ピーマン	2〜3個(120g)
黄パプリカ	1/2個(65g)
ミニトマト	5〜6個(100g)
にんにく(チューブ入り)	2〜3㎝(小さじ1)
塩・黒こしょう	各適量
レモン汁	小さじ2
タバスコ	適量

作り方

STEP1 サルサソースを作る

1. 玉ねぎ、ピーマン、黄パプリカ、ミニトマトを同じ大きさにみじん切りにする。
2. 玉ねぎの辛みを取るために、水に浸してから塩を入れてよく揉み、そのまま5分ほどさらしておく。
3. 5分経ったら②の水気をよく切り、他の野菜と一緒にボウルに移す。
4. そこに、にんにく、塩、黒こしょう、レモン汁、お好みの量のタバスコを加え、よく混ぜる。

STEP2 焼く

5. スキレットにソーセージを斜めにカットして入れ、オリーブオイルで焼く。
6. サルサソースを焼けたソーセージにかけたら、でき上がり。

玉ねぎを塩揉みして辛みを取る。

材料を全て混ぜあわせたあと、少し寝かせると味がなじむ。

ソーセージは、おいしそうな焼き色がつくまで焼く。

ひとこと

ソーセージを焼くと油が出るので、フッ素樹脂加工のフライパンではオリーブオイルの量は少なめにする。家庭ではサルサソースは冷蔵庫で保存し、2〜3日で食べ切ること。

カリフラワーとアンチョビのチーズかけ
完成

Recipe.2
「秘密の友情アンチョビチーズ」
（星月せれな）

カリフラワーとアンチョビのチーズかけ

調理時間
20min

使用アイテム
フタつきスキレット ＋ 底網 ＋ バーナー

材料(2人分)

カリフラワー	5房
アンチョビ	1缶
なす	2本(140g)
アスパラガス	3本
オリーブオイル	大さじ1
チーズ	約50g
塩	適量
黒こしょう	適量

作り方

STEP1 蒸し焼きにする

① スキレットに底網を敷いて水を網ギリギリまで入れ、強火にかけ沸騰させる。

② ひと口大にカットしたカリフラワーとアスパラガスを網に並べてフタをし、1分30秒ほど蒸し焼きにする。

③ 全てを取り出し底網を外して、湯を捨て、スキレットを中火で熱し水分をとばす。

STEP2 炒める

④ スキレットにオリーブオイル、乱切りにしたなすを加えて焦げ目がつくくらいまで焼く。カリフラワーとアスパラガスを戻し入れ、アンチョビのオイルと汁を加えて絡め、塩で味を調える。

⑤ ④にアンチョビの身をのせ、チーズをまんべんなく散らす。フタをして上火として炭を5個ほど置き、チーズを溶かす。

⑥ 仕上げに、黒こしょうをたっぷり振る。

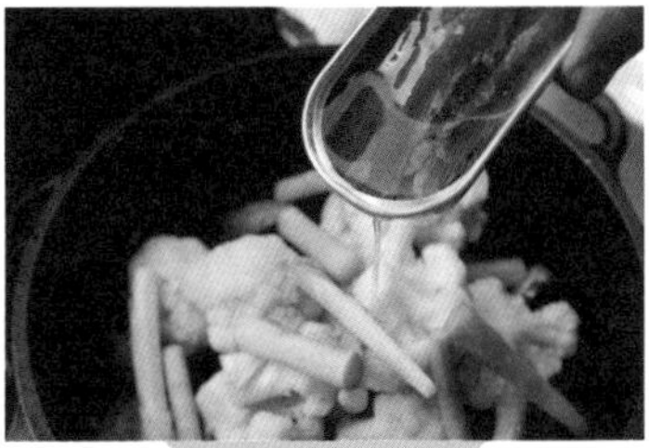

野菜を炒める時は、塩気の効いたアンチョビのオイルを使用する。アンチョビの身が落ちないように慎重に。

アンチョビとチーズはまんべんなくのせる。

フタの上に炭を置く際は、アルミホイルで囲うと、落ちにくくなる。

ひとこと

チーズとアンチョビの組み合わせが最高！
見た目は地味でも味は極上！
お酒にも合う一品。

完成！
魯肉飯《ルーローハン》!!

Recipe.3
「出会いの決め手は五香粉《ウーシャンフェン》」
（伊藤伸平）

魯《ルー》肉《ロー》飯《ハン》

調理時間
50min

使用アイテム
ダッチオーブン ＋ バーナー

材料（2～3人分）

豚バラ肉ブロック	300g	五香粉	小さじ1
長ねぎ	1本	八角	ひと粒
にんにく（チューブ入り）	6cm	ゆで玉子	2～3個（人数分）
しょうが（チューブ入り）	6cm	ご飯	2～3合（人数分）
サラダ油	大さじ2		
しょうゆ	大さじ3		
砂糖	大さじ2		
酒	100㎖		

作り方

STEP1 豚肉を切って炒める

① 長ねぎを2つに分け、白い部分を少し厚めの小口切りにする。

② 豚バラ肉は5～8㎜厚に切り、更に5～8㎜幅に切る。

③ ①を鍋に入れ、サラダ油で茶色に色付くまで炒める。

④ にんにくとしょうがを加え、香りが立ったら豚肉を入れる。更に五香粉を加え、炒めながらよく絡める。

STEP2 煮込む

⑤ ④にしょうゆと砂糖を加え、全体に絡めたら酒を加える。

⑥ 煮立ったら水400㎖を加え、長ねぎの青い部分とゆで玉子を人数分入れる。香りを強化するため、ここで八角を投入する。

⑦ 鍋のフタを少しずらして弱火で30～40分煮詰める。

STEP3 盛り付け

⑧ ご飯を器に盛り、煮詰めた豚肉をかけ、縦に半分に切ったゆで玉子をのせる。

⑨ お好みで茹でたチンゲン菜や高菜漬けを添える。

豚肉を細長い角切りにする。

色付いた長ねぎに豚肉と五香粉を加え、焼き色がつくまで炒める。

しょうゆ、砂糖、酒を加えていく。

水を加えて、ゆで玉子、長ねぎの青い部分、八角を入れて煮詰める。

煮詰まったら、八角と長ねぎの青い部分は取り出す。

ひとこと

オイスターソースやフライドオニオンを入れて煮込むと、より本格的な味になる。

その3

これで作ろう！キャンプめし

メスティン

スウェーデンのトランギア社が1970年代に開発したアルミ製の調理道具。軽くて持ち運びに便利なうえ、ご飯を炊く、炒める、底網を使って蒸すなど様々な料理が作れる万能性で人気が高まっている。

奥　DAISO／メスティン3合
手前　DAISO／メスティン（ハンドル付）

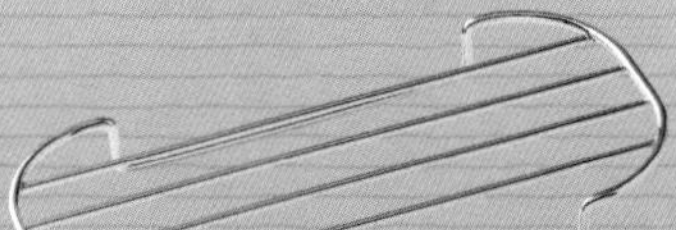

DAISO／メスティン専用網

アルミは柔らかいので、金属のたわしを使用するのはNG。中性洗剤を使用し、柔らかいスポンジで洗うようにしよう。

ピンポーン
ハルちゃんハルちゃん 葉《は》流《る》乃《の》ちゃーん!!
キャンプ行こ!! お酒飲もー!!
週末だよー☆
バッサリ
仕事
にべもない!!
カチッ
ボッ
白樺まさら

Recipe.4 ハルとアキとメスティンと

どうせ進んでないんでしょ？わかってるって！
何でだよ…
自然の中でお仕事したらはかどるよ！多分
家でいいだろ
しーん…
締め切り近いんだよ…
酒飲んで亜樹菜《あきな》の話を聞いてる余裕は……
ポリポリ
ハルちゃん…
ハルちゃんが前に飲みたがってたボルドー ワイン冷やして持ってきてるよ♪
コレコレ
…待ってろ5分で行く
安全運転でよろしく
ドライブも楽しいよね！
ブロロロロロ。。

着いたよー!!
今回は河原か
私は仕事してていいんだろ？
うん！
受付とか設営は任せて～！
その代わり～『い・つ・も・の』
お願い♪
仕方ないな…
今日は飲み過ぎて私のメシまで喰うなよ？
ハルちゃんのメスティンごはんおいしいんだもん♪

んー…
カン
カン
バリ
ボリ
ペラ
ペラ
テント
はれたり!
ぬおおおおお…
カタカタ
カタカタ
カタカタ
カタカタ
たき火ー
たき火ー
終わったぁああ
奇跡!!
メシ作るぞぉおお!!
やった!
お疲れさま!!

トン トン
どう?
何が
トン
外でお仕事して結構はかどったんじゃない?
まーちょっとはな
サニーサニーサイドアーップ♪
またまた照れちゃって~
ガコッ
照れてないって
風に包まれて川のせせらぎを聴きながら土の匂いの中で火にあたってご飯が炊けるのを待つ…
やっぱりキャンプっていいよね!
言い方が厨二くさい…
いや別に…空調の効いた部屋で環境音を流しながらアロマの香りでリラックスして炊飯器のタイマー音を待つのも悪くないぞ?
情緒!! 風情!!
ワビサビ~!!!
カタ
でも確かに
カタ カタ
カタ

空気は
うまいよな
あと
タバコも
ぐぅうううぅ…
ハル
ちゃん…
※蒸らしタイマー
ピピピピピ
風情がないのはどっちなんだ？
えへへ…
ほら
できたぞ

葉流乃さん特製 炊き込みドライカレーだ
お・い・し・そ〜〜〜!!
レーズンも入れてくれたの!? ありがと〜!
彩りもステキ〜♥
お前好きだったよなレーズン
私はそうでもないけど
ではではっ
いっただっきまーす!!
はむっ

ン・ま〜〜〜〜い！
この
しっとりとした
〝カレー感〞が
最高お〜〜♪
うん
うまい
うまい
カレーフレークを
使ったのは
正解だったな
カレー粉だと
「カレー味の
炊き込みご飯」に
なっちゃうからな
あたしは断然
こっちの方が
好《しゅ》き〜〜〜〜♪
おいしい
おいしい
〜
……
それで？
今回は
どうした
んだ？
え？
今なら周り
気にしないで
いいだろ
……
ス…

ガパッ!!!
SUKKIRI
のどごし
BEER
Beer
スッキリ!!
ドン!!
グビグビーッ!
どーーーん!!
聞いてよハルちゃぁ～ん!
プハッ
うちの上司が酷いんだよぉ～～!
亜樹菜はストレスが頂点に達すると唐突にキャンプを始める
わあああ
店やなんかだと誰が聞いているかわからないと彼女なりの配慮らしいが…
ヤケ酒は身体に悪いって言っただろ
いいんだもん!こんな時しか飲まないもん～～!!
会社人の闇は深い…

まぁでも
彼女の
不器用な
優しさと
うまいワインに
免じて愚痴に
付き合って
やろう
わぁあん
カレーおいしいよぉおお
いい落ちつけ
実際のところ
私も亜樹菜の
そんな優しさに
救われている
ひとりなのだから
──…
そして
スッキリしたのか
翌日にはケロッと
している
ハルちゃん
ビール
飲み過ぎー
お前だよ

Recipe.5 家族に捧《ささ》ぐ愛情鶏煮込み

高田サンコ

ガタ
ガタ
キャー
ダン!!
ヒュッ
ドキッ
ダン
ダメだ
ダン
ダン
どうやって切っていいか

み みつきさん大丈夫?
わからない
ダスッ
ダン
今度から切る前に相談してね
でも君のやってみる精神は尊敬してる
切るのはこれとあとパンだけだから頑張って
クイ
パンは切った
…
ボロ…ッ
ウン…!仕事が早いねッ!
今日は妻が思い切って手料理に挑戦するという
次は何だ
味か
DUTCH OVEN
鍋に食材入れる
ザッ
・塩を振った鶏もも肉
・ドライプルーン
・玉ねぎ
・にんにく

味…
・しょうゆ
・バター
・タイム
水…
ザッ
・水
火…
ボッ
・強火にして
沸いたら弱火
———…
あ
終わりか
これだけか
料理は頑《かたく》なに
拒んできたが
ギャアアアン
パタパタ
ありゃ
とーりくん
どうしたの〜
はーちゃんが
押したの
——ッ
ゔぇぇ
ありゃりゃ
痛かったねー
とーりくん
ゔぇぇ〜
はーちゃん
とーりくん
いたい
いたいよ〜
…
下の子がなかなか
離乳食を食べない
ア゛ー〜

妻も色々調べ
あれこれしたものの――
ホラ
つかんで食べてみな
ピィ
あーん
ミルクも飲んでからもう5時間だよお腹空いたでしょ
プィッ
ヴェーー
大人の食べ物食べたいでしょ？
ダメ
ママの愛情レシピ
お母さん手作りしましょう
ママたべさせてね
社会の圧に屈するかたちとなった
くっそ どいつもママママママママ!!
私が作ったら食べるんだろうなッ
や それは
わからないよ…
すくすく
フン
これで食べなかったら2度目はないよ
はてさて…
クッ
クッ
クッ

40分後
キャ
キャ
キャ
キャ
ガ
ガ
ニャ〜
グア〜
は〜い
ひょい
とーりくん はーちゃん お昼ご飯ですよ〜
お外で食べるの はーちゃん楽しんでくれるかな〜〜〜?
なんでパン ボロボロなの?
お母さんが一生懸命切ったんだよ!
いちごジャムとピーナツバターつけてあるよ!
えー ママが〜!?
お待たせ

ジャッ
ジャーン!
ダッチオーブン鶏もも肉の煮込みだよ!
はーちゃんには小さくほぐしてお湯で薄味にしたやつね♡
お~
見てるね
見てる

それでは
みなさん
ごいっしょに
いただきまーす
がぶ
ぱく!
あぐ

おいしい〜〜〜!!
ぱか
開いたッ
はーちゃん
おいしいおいしいよー
っ
はぷ

あむ
あむ
あむ
あむ
あむ…
ゴク
…!!
べーしなかった…
バッ

むんず
パン
ムシャ
ムシャ
はーちゃん
あーん…
プイッ
あらー
ハイ食べないー
もう作りませんーッ
でもおいしいね!
ママ
うん
ちなみにはーちゃんは保育園では完食&おかわりする派です
あーん

コラム①　メスティンを使う前に…

購入したメスティン本体のフチがギザギザしていたらバリ取りが必要。この場合は紙やすり等でこすって滑らかにしよう。またメスティンのシーズニングは、米のとぎ汁で15分ほど煮ると酸化被膜が形成され、焦げ付きなどを防止できるが、シーズニング不要のアルマイト加工済みのものも売っているので、購入時には確かめたい。

絶品
空の下ごはん

うわあああ…この山を登るんですかあああ？
そげだで北海道最高峰の大雪山《だいせつざん》旭岳《あさひだけ》！
Recipe.6 ウルトラライトキャンプ飯《めし》
コウノコウジ
でもキャンプ場はそのまたずっと先だけんね
ゲッ！あの山が単なる通過点!?うひゃー
そげだわねおべーでしょ
葉っぱをくわえて聞いたこともない方言で喋《しゃべ》る下山《しもやま》さんとはあるオートキャンプ場で知り合った
意気投合し自慢のキャンプ飯《めし》やギアを見せ合い大いに盛り上がったのだ

僕もキャンプ飯には少々自信があったが下山さんのそれは格別だった
ダッチオーブン料理やパエリアやホットサンドなどどれを食べてもその辺の高級レストランよりずっとずっと旨《うま》かったのだ
「今までで一番おいしかったキャンプ飯は？」という話になり
今食べている下山さんのキャンプ飯ですよ
下山さんは？
登山で食べたキャンプ飯かな
それで今回登山キャンプに連れて行ってもらうことになったのだ
この人 夜でもはずさないんだなグラサン
本間《ほんま》くんの荷物こーじゃいけんわオートキャンプ用のギアばっかだがね
たぶんこれ30キロ近くあーで
え？
ダメってことですか？
おべたわ
こーで登山はいけんわいらんもんは車に置いとくよ
はい…
そうなのか登山のキャンプは道具から違うのか

本間くん オラのザック 何キロくらいだと 思う？
えーっと 20キロくらい ですか？
5・65キロ
ええっ そんなに 軽いんですか!?
そげだに〜
ウルトラライトって いってね 必要最小限の 超軽量の登山道具で 登山することだに
また それらの道具を ウルトラライトギア という
へえぇ… 軽いと いいんですか？
注意さんといけんのは 登山道具を絞るのにも 経験がないと遭難などの リスクが高まること
そーだども軽んなった分 無駄なもんがないけん 自然と自分との距離が 近くなーわねえ
何にも縛られず どこまでも自由に！ これが ウルトラライトって いう思想だわね
へーえ ちょっと かっこいい かも…

着いたーっ！
旭岳山頂！
いやー
山の空気は
清々《すがすが》しい
最高ですねえ
ねえ
下山さん！
ゼーゼー
ゼーゼー
道具に
こだわっている
割には
体力ないんだな…
まめに水分補給
すーだよ
いっぱいあるけん
飲むだわ
ウルトラライトでも
水とか必要なもんは
いくら重くても
持っていかんと
いけんけんね
ありがとう
ございまーす
ゴクゴクゴク
じーーっ

じゃあ もうちょんぼ 休んだら 出発すーか
ういっス
グラサンしたまま 器用に拭《ふ》くもんだ 絶対はずさない つもりだな…
下山さんの レンズの色は濃く どこまでも深く…
その奥には 決して暴いてはいけない 下山さんがひた隠しにする 何かがあるように思えた
着いたーっ 本日の目的地 白雲岳《はくうんだけ》避難小屋！
ゼーゼー ゼーゼー
さすがに 疲れましたねー 下山さ〜ん

うわー
すごい汗
すげーっ!
ジャババ
ジャバ〜
じーっ
ん?
じゃ じゃあ
飯の準備でも
すっかなー
クッカーは
トランギアのメスティン
バーナーは
エスビットの
ポケットストーブに
固形燃料
どちらも
コンパクトで
ウルトラライト!
えっ!?
たったこれだけ
なんですか?
そげだわね
これで十分
あと
風防もあると
やりやすいで

まずはメスティンにお水とお米を入れフタをして20分放置
こーすーことでお米に水分を吸わせーに
チーズ鱈《たら》乾燥ポルチーニ茸《たけ》を入れて
なるほどウルトラライトだからコンパクトで軽い食材ばかりですね
そげだに
フタをして固形燃料に火をつけて35分
そして乾燥小松菜と塩と黒こしょうを入れ混ぜ合わせば
特製チーズ鱈とポルチーニ茸の炊き込みご飯のでき上がり！

さあさあ 食うだわ 食うだわ
旨そうでは あるが…
オートキャンプの時 みたいに豪華なものを 期待してたから ちょっと 期待はずれかも…
いただき まー…
うまっ!!
何これ!?
何 この初めての 感じ!?
舌で味わう だけじゃ なくて まるで身体《からだ》中から 旨味を吸収してる みたいな
ガッ
ガッ
ガッ
ガッ

身体中の養分を絞り切った後だけんねえ
スポンジみたいになっとるわね
あっ
その上空気も景色も最上級なわけだけんちょっとした飯でも御馳走《ごちそう》になーわねー
これがオラのベストワンキャンプ飯
ウルトラライトキャンプ飯だわね
シメに食べ終わったメスティンに鶏がらスープの素チューブ入りしょうが乾燥にんじん 春雨《はるさめ》を入れ火にかけてスープのでき上がり！
こうすーと容器にこびりついたお米もおいしくいただけてその上 食後の掃除も楽になるけん一石二鳥だに！
山には水道ないけんね

スープも旨し！疲れも吹っ飛んで身体も心も軽くなりました！
まさにウルトラライト！
あ そうだ本間くんのテント重たいけん車に置いてきたけん
オラの山岳テントで一緒に寝るだわ
え!?
あ……
いや無理にとはいわんけど…
……
いやっ…
実は…下山さん惚《ほ》れました！僕と真剣交際お願いします！
いやそれは重いわ
ゴメン…
ウルトラライト〜っ…

絶品 空の下ごはん

★★★

絶品レシピ＃2

炊き込みドライカレー

鶏もも肉の煮込み

チーズ鱈《たら》とポルチーニ茸《たけ》の
炊き込みご飯

葉流乃さん特製
炊き込みドライカレーだ
美・味・し・そ〜〜〜!!

Recipe.4
「ハルとアキとメスティンと」
（白樺まさら）

炊き込みドライカレー

調理時間
70min

使用アイテム
メスティン（+フライパン）
+
固形燃料ストーブ
or
バーナー

材料(1人分)

米(無洗米)	1合
水	1カップ
ソーセージ	4~5本
玉ねぎ	1/4個(50g)
ピーマン	1個(40g)
カレーフレーク	小さじ1
卵	1個
バター	20g
パセリ	適量
レーズン	お好み

作り方

1. メスティンに米と水を入れて30分吸水させる。
2. ソーセージは約5㎜幅の輪切りに、玉ねぎ、ピーマンはみじん切りにして、カレーフレークとバターと一緒に①に入れる(お好みでレーズンも)。
3. フタをして、固形燃料に火をつけ、火が消えるまで(約20~25分)炊く(バーナーの場合はフタをとり強火で沸騰させてから、フタを閉め、弱火にしてから約10分炊く)。
4. 火が消えたら、約10~15分蒸らす(タオルなどで包むと冷めにくくなる)。
5. フライパン等を用意し、目玉焼きを作る(ドライカレーを完成させた後に、メスティンのフタで焼くこともできる〈弱火〉)。
6. 蒸らしたご飯をよく混ぜてから、仕上げに目玉焼きをのせて、パセリを散らせば完成。

米にしっかりと吸水させることが重要。

材料は細かく切ることで、ご飯と一体感が出る。

全て材料を入れてから軽くかき混ぜる。

ひとこと

ステンレスやチタンのクッカーで目玉焼きを焼くのは焦げ付きやすいので注意。アルミや鉄のフライパンでじっくり焼くのがベター。

鶏もも肉の煮込み

ダッチオーブン
鶏もも肉の
煮込みだよ！

Recipe.5
「家族に捧ぐ愛情鶏煮込み」
（高田サンコ）

調理時間
50min

使用アイテム
ダッチオーブン ＋ バーナー

材料(2〜3人分)

鶏もも肉	1枚(300g)
水	1カップ
玉ねぎ	小1個(100g)
にんにく	1片
ドライプルーン	8粒
生タイム	数本
しょうゆ	大さじ1
バター	20g
塩	適量
黒こしょう	適量

作り方

STEP1 準備をする

① 鶏肉をひと口大に切って全体に塩を振る。玉ねぎもひと口大にカット、にんにくは包丁の腹で潰す。

② ダッチオーブンに①の具材と、ドライプルーン、生タイム、しょうゆ、バター、水1カップを加える。

STEP2 煮る

③ 強火に3分ほどかけ、沸騰したら弱火に。

④ そのまま40分ほど煮込む。仕上げに黒こしょうを振る。

ダッチオーブンは中までしっかり火が通るので、材料はあまり細かく切らなくてもOK。

バランスよく材料を入れる。

材料と水を入れて、あとは煮込むだけ！

ひとこと

にんにくとバターの旨味にプルーンの優しい甘みが加わり、子どもから大人までおいしく食べられる味付け。

特製チーズ鱈とポルチーニ茸の炊き込みご飯のでき上がり！

Recipe.6
「ウルトラライトキャンプ飯《めし》」
（コウノコウジ）

チーズ鱈《たら》とポルチーニ茸《たけ》の炊き込みご飯

調理時間
70min

使用アイテム
メスティン ＋ 固形燃料ストーブ

材料(1人分)

米(無洗米)	1合
水	1カップ
チーズ鱈(なとり)	10〜20本
乾燥ポルチーニ茸	適量
乾燥小松菜	好みの量
塩	少々
黒こしょう	少々

スープ	
水	1カップ
鶏ガラスープの素(粉末)	小さじ2
しょうが(チューブ入り)	好みの量
乾燥にんじん	好みの量
春雨	1個(15g)
塩	少々

作り方

STEP1 炊き込みご飯を作る

1. メスティンに米と水を入れ、フタをして 30分吸水させる。
2. フタを開け、チーズ鱈、乾燥ポルチーニ茸を入れる。
3. フタをして、固形燃料に火をつけて約20〜25分炊き、約10〜15分蒸らす。
4. 乾燥小松菜と塩、黒こしょうを入れて混ぜ合わせればでき上がり。

STEP2 スープを作る

5. ご飯を食べ終わったらメスティンに水とスープの材料を全部入れ、火にかける。
6. 春雨が柔らかくなったら、でき上がり。

チーズ鱈は半分に切る。

吸水させた米にチーズ鱈、乾燥ポルチーニ茸を加えて炊く。

炊き上がったご飯に乾燥小松菜、塩、黒こしょうを加えて混ぜる。

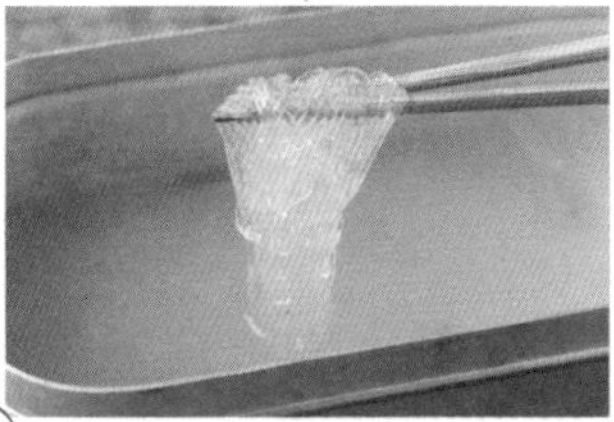

このように春雨が柔らかくなれば、スープのでき上がり。

ひとこと

チーズ鱈から塩分が出るので、塩加減はお好みで。

その4

これで作ろう！ キャンプめし

炭火グリル

炭火で肉や野菜を焼く炭火グリルは、アウトドア料理の雰囲気を味わうための定番クッカー。炭火の遠赤外線が肉の表面をパリッと焼き上げ、内部にも熱をじんわりと伝えるので、ジューシーに仕上がる。

炭火グリルは、ダッチオーブンやスキレットの熱源としても使える。火力は炭の量や置き方で調整する。炭の個数を増やした強火、減らした中火、炭のない弱火の3つのゾーンを作るといい。

ニトリ／折りたためるBBQグリル（L）

※炭火を扱うときは、火ばさみやグローブも忘れずに。

我が家は登山が好きで
よく近郊の山に出かけます
ピー
ヒョヒョー
ゼェ
ハァ
ハァ
嫁
パート勤務
デスクワークの多い
僕には
いい運動になるんです
漫画家
なかむら
ハァ
ハァ
チチチ
お父さん
頂上だよ
息子
小学6年生
Recipe. 7 我が家の定番キャンプグルメ
なかむらみつのり
ゼェ
ゼェ

ふぃ――
いい汗かいた
下山まで8キロ
約3時間くらいか…
タダでいい運動に
なったわ〜
はは…
タダって
ちょっと…
アンタだち〜
おいてぐなよ〜
ハァ
ハァ
ゼェ
ごめん
こ…
こゆっ
忘れてた
そして登山後の
もうひとつの
楽しみは…
カン
カン
山林オートキャンプ場
カン
カン
完成
キャンプで
テント泊
よ〜〜〜〜〜〜〜し
サァ――
Asahi
生
大辛口
コッチもお酒
冷やしておいた
わよ〜
しかも…って…
やってないけどね…
ああ……
風呂行ってくるわ

森林温泉
はあ〜
ひと汗かいた後の温泉
たまらんな〜〜〜
カナ カナ カナ
さあ 風呂の後は食事だな
うん
カナ
火作っておいたわよ
パチ パチ
たまには気が利くな
おー
燃やすわよ
パチパチ
そんなことより早く作ってよ
ぐう〜
お腹減った〜
わ〜った わ〜〜〜った
バカ
我が家で料理は僕の役目だ

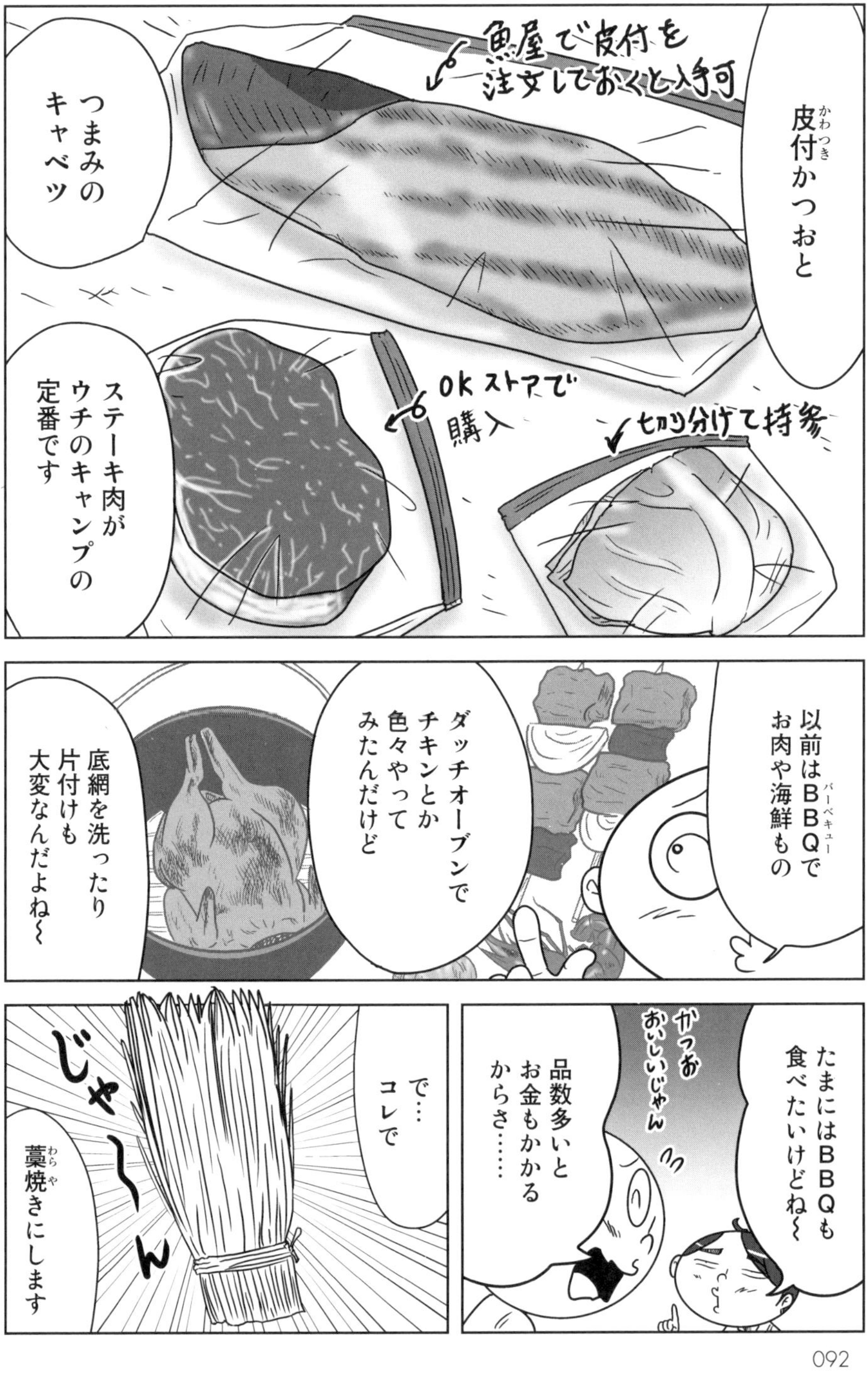

皮付《かわつき》かつおと
魚屋で皮付を注文しておくと入手可
つまみのキャベツ
切り分けて持参
OKストアで購入
ステーキ肉がウチのキャンプの定番です
以前はBBQ《バーベキュー》でお肉や海鮮もの
ダッチオーブンでチキンとか色々やってみたんだけど
底網を洗ったり片付けも大変なんだよね〜
たまにはBBQも食べたいけどね〜
かつおおいしいじゃん
品数多いとお金もかかるからさ……
で…コレで
じゃ〜ん
藁《わら》焼《や》きにします

藁はホームセンターなどで安価で購入できます
稲藁
300〜400円程
因《ちな》みに家ではベランダ農園でバケツで稲を育てて
因みにバケツ2杯で収穫は茶わん半分くらいでした。
米を収穫した後の稲藁を使っているのでタダ！
お米って育てるの大変なのよねー
かつおを鉄串に刺して
焼き台に藁を入れて
パラ
パラ
皮目を下にして焼く
ボッ
おお〜〜〜
コレをやると子供大盛り上がり
ボーッ
ファイヤーファイヤー
でも火には気をつけてね
皮目にしっかり焦げ目がついたら
全体的に色づくまで炙《あぶ》りましょう
パチ
パチ
パチ

焼けたら
ジュ
冷水に浸して
キッチンペーパーで水気を拭《ふ》き取り
ギュ
スッ
切り分けます
家で用意してきたにんにく・しょうが・しそ・みょうがを刻んだ物を散らし
パラ
パラ
ポン酢をひと回し
軽く上から全体を叩いて味を染みこませれば
トン
トン
かつおの藁焼きの完成だよ
お肉も塩を振り藁焼きにして最後にこしょうをかけました

いただきます
うん おいしい〜
藻の香りがたまらないんだよね
皮も香ばしくて豪快な感じがいいわ〜
ポン酢も染みこんでて
薬味との相性もバッチリだ
燻製《くんせい》より簡単だし
ワイルド感がたまらんな〜
じゃあコッチもワイルドにいこう
ドン
澤乃井 本醸 大辛口
かあ〜〜〜 冷えてるね〜〜〜
天然の冷蔵庫だからね〜〜〜
僕はご飯が欲しいよ

とくると思った
から……
パカッ
ふぁっ
これにかつおを
のせて……
はい
かつおの藁焼き丼
ふぁっ
1合で炊き上げると
子供に丁度いい感じです
因みに
ダイソーメスティン
うま〜〜〜い
あっ
あっ
はい
藁焼きのお肉も
どうぞ〜
やった―
おいし〜〜〜
塩こしょう
だけだから
藁の香りを
更に感じるわ
キャベツも
口直しにいいよ
ポリ
ポリ
僕は
かつおの方が
好きだけどな〜
ははは
ホント
かつお好き
だよね〜
安いからでしょっ

安くてうまいだけじゃないいんだぜ
かつおは山と似ていて四季を感じられるんだよ
えっ？
かつおは回遊魚だから
3月から5月にかけて九州から伊豆・房総沖に移動し8月頃には三陸北部から北海道南部まで北上するんだ
9月
南下する
3月
4～5月は初がつお9～10月に南下して三陸沖で旬を迎えるのが戻りがつおなんだよ
山も同じで春になると木々が芽吹くのは南からで
桜前線と似た時期にピークを迎え
ザア
北から秋の気配が南下し始めると戻りがつおの時期がくるんだ
だから山の中で旬のかつおを食べると四季の移《うつ》ろいを感じることができるんだ
ほら見てごらん…

もう
サァァァァ
木々が色づいて……
そうか かつお好きのセコイお父さん…って思ってたけど
伝えたい何かがあったのかもな……
おーい
もっと肉焼けだって…
あの人は花より団子だな
はやくはやくー
はいはい
そして翌日
さあ帰るぞー
プップー
だから高速で帰ろうって言ったじゃない
だって高速代高いから〜〜〜
プァー
プッ
やっぱセコッ

Recipe.8 予想外のツナパスタ

えきあ

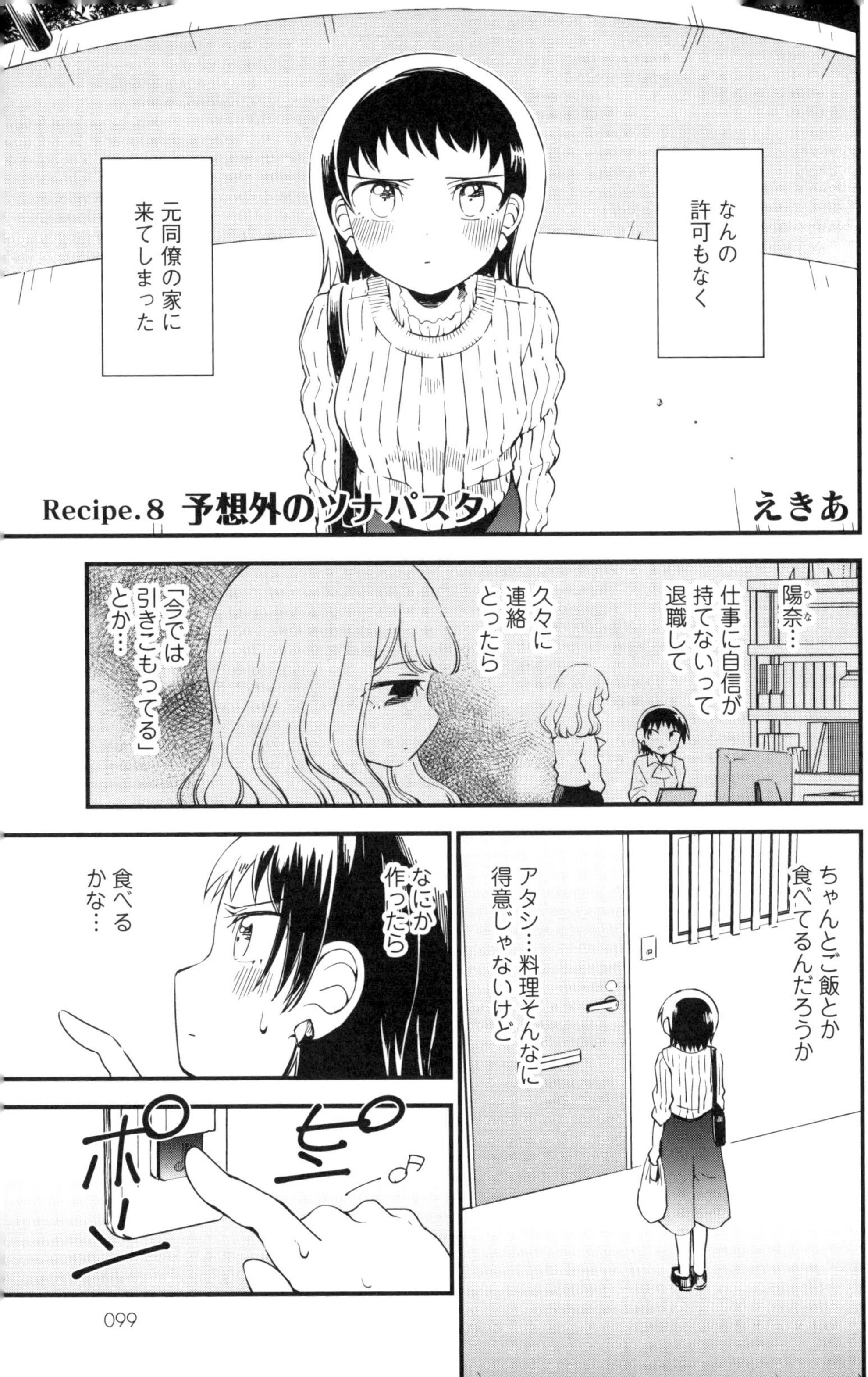
なんの許可もなく
元同僚の家に来てしまった
Recipe.8 予想外のツナパスタ
えきあ
陽奈《ひな》…
仕事に自信が持てないって退職して
久々に連絡とったら
「今では引きこもってる」とか…
ちゃんとご飯とか食べてるんだろうか
アタシ…料理そんなに得意じゃないけど
なにか作ったら
食べるかな…
ピン
ポーン

ガチャ
ひな…
あれ!? 岩井《いわい》ちゃんじゃん
久しぶりー!!
えっ!? どうしたの急に?
なにかあった!?
ってーなになに待ってなんかいろいろ買ってる!
もしかして一緒にご飯食べたい感じかな!?
…女の
やったー 食べよ食べよ!
WOOOOO!!!
朝から酒でも飲んでんの!?

なんだー
それで
来てくれ
たんだ
トッ
トッ
ならもう
ぜんぜん
平気だよ
確かに退職した
ときは落ち込んでた
かもしれないけど
今は
家での時間
楽しんでるし
どーぞ♪
楽しんで…?
はっ
めちゃくちゃ
楽しんでる…
うん!
思い切って
始めたら
ハマっ
ちゃって!
私の部屋より
充実してる
キャンプ
おうち

じゃあ
頂いちゃったし
早速パスタ
作るね
えっ
岩井ちゃん
あたしがパスタ
大好きなの覚えてて
くれたんだ？
…いや…なんとなく
買っただけで…
あっ
ツナ缶もある！
お昼休憩に
ツナマヨサンド
よく食べたな〜
ツナ缶に
パスタ…
とっておきの
おいしいやつ
作れそう！
ん〜と これに
合わせるなら
材料は〜
ガサ
ゴソ
普段自炊とか
すんの？

はい！
実山椒
にんにく
ブラウンマッシュルーム
玉ねぎ
PEPPE
黒こしょう
山椒の葉
凝《こ》ってるレベルじゃん…
スパイスとかあるこ
いや〜凝ってるってほどじゃないけど
キャンプ道具揃えてたらこれ…
とっても便利なことに気づいたから
料理楽しくて！
ダッチオーブン

火の通りが すごく いいから
10分ちょっとで 上手にできちゃう んだよ！
へえ…
トン トン
普通の鍋とは 違うんだ
パスタを 半分に折って
マッシュ ルーム
玉ねぎ
ツナ缶
にんにくと 山椒の実を 入れたら〜
お水と オリーブオイル
パラ パラ
お塩
で
小さじ1 くらい…
強火！
こ… これだけ？
沸騰したら 中火ね
焦げないように 気をつければ へーしき〜
ボッ
むふー
…
なんか… 心配して 損したなあ

陽奈
元気そうな
どころか
♪
まぜ
♪
まぜ
もう1人で
楽しむこと
覚えちゃってるし
一緒に
働いてた時は
なんでも
相談されて
しょっちゅう
帰りに外食
したり
休みの日も
出かけて
たのに
なんか
これじゃあ
逆に
アタシの
方が
寂しかった
みたい…
ピピピピ
ピピピピ
ピピ
できたよ！
岩井ちゃん

ツナと実山椒のパスタ
わ…！
いただきます…！
！
はふ

おいしい……!
ツナ缶 油切らないで 入れたのに さっぱり 食べられる!
オリーブオイルも よく絡《から》んで いい香り
山椒の実も 効いてて…
最高〜〜!!
モク モク モク
うわっ 今日イチ 輝いてる
まぁ…確かに こんなおいしいの 毎日食べてたら 1人でも楽しい かもな
はは…
うふふ
だけどー
今日は今までの キャンプごはんで 一番楽しいかも
え?

だってあたし
岩井ちゃんと一緒の方が幸せだもん
退職したのに誘うのもなぁ〜って思ってたんだけど
岩井ちゃんの方から来てくれるなんて…！
ねえ またおうちキャンプ
一緒にしてもいい!?
…ん… 別にいいけど…
やったー!!
岩井ちゃんけっこう暇なんだね〜
ふふーん
引きこもりに言われたくないから

コラム② 五香粉《ウーシャンフエン》

中国の代表的な混合スパイスで、八角、丁子、花椒《ファージャオ》、桂皮など5種類のスパイスをブレンドしたもの。烤羊肉串《カオヤンロウチュアン》(羊肉の焼き串)など肉や魚の下ごしらえ、におい消しに使われる。四川料理の麻辣《マーラー》味のうち、痺《しび》れ成分の花椒は入っているが唐辛子は入っていないので、これ自体はそんなに辛いものではない。十三香《シーサンシャン》というもっとスパイスの入ったものもよく使われている。

絶品
空の下
ごはん

Recipe.9 肉食系BBQ《バーベキュー》 ユルルマン

カチャ
なあジョナサン
ちょっと手伝って
ほしい事が…
!?
ボロ…
ボロ…
ジュウウウウウ
フー
フー!!
おいおい
どうした!
ビリー
……
実は僕っ

彼女と別れたんだ〜…!
好きじゃなくなったのー!
いや〜〜〜おかしいと思った! BBQ《バーベキュー》しようぜって誘っても一度も来た事ねークセに…
コゲ。。。
突然キャンプに行きたいって電話してきたと思えば
そーいう事か!
ごめんよビリー
1人じゃおかしくなりそうだったんだ
まあいいさ俺に任せろ!
とっておきの食材を持ってきた

ド
ン
塊《かたまり》肉《にく》!!
部位はプライム
リブアイだ
リブロースでも
十分旨いが
ちょっと贅《ぜい》沢《たく》に
いってみた！
リブアイとは…
リブロースの芯の部分。旨味が深い。
プライムはアメリカの肉の等級で最高位。
今日は
ステーキにして
めいっぱい
食おう！
切り方
厚ッ
ス…
3センチくらいか？
足りなきゃまた切る
……いいの？
こんな僕に
そんな
ぶ厚いお肉…
ハァ？
こんな僕って
なんだよ？
大体お前はいつも
気ィ使いすぎの
遠慮しすぎ！

たまには肉食系に
なってみろよ！
まずは炭火の準備だ！
炭は片側に
強火
中火
弱火
グリル
肉
炭
7cm
肉との距離は7cmがベスト！
網《あみ》
炭10個
炭受け
炭に白い灰がうっすらついてきたら焼き始めるサインだぞ
パーラッ
塩を肉に振る
こしょうは？
焼いてる時に香りがとんじまうから最後にしよう
塩をした肉は常温になるまでちょっと休ませてと
その間に付け合わせの準備だ！
ダッチオーブンのじゃがいもを今のうちに火にかける
彩《いろど》りにアスパラも欲しいから後で入れよう
ゴロ
ゴロ

さて…肉焼くか！
これ覚えとくと
モテる
お
OK！
ジュワーーアッッ
ジュッ
ほんわ〜
イイ
匂い〜〜〜♡
焼く時のポイントは
肉を網の目に対して
斜めに置く事！
網に対してナナメに焼く
片面につき1分×2回！
こうすることで
格子状の焼き目が
つくんだ
肉
肉
よくみる
焼き目が
つくゾ！

よし！
あとは弱火ゾーンに
移動させて焼くぞ！
ジョナサン！
焼き加減の
好みは？
え…!?…みっ
ミディアムレア！
あいよ！
あと少しで
肉が焼けるから
芋とってきてくれ～
は～い
ほく
ほく
最後に入れた
アスパラも
いい感じだね
ポト
できた!!

さあっ
食おう！
キュ
キュ…
ジュワッッ…
カリ
ブツッ

ウマ〜〜ッ!!
うっうっうっうっ
ウマ〜〜〜〜〜!
めちゃくちゃ
ジューシー!!
しっかりした
肉の旨味に
バターの
コクが合う!
そうだろ
そうだろ
ミディアムレアに
仕上げたから
香りと肉汁の
バランスが…
はぐっ
はふっはふっ
……

ホラホラ芋もアスパラも食え食え！
付け合わせにクリームチーズつけるとイケるから！
ンマ〜!!
え〜〜〜!!やるやる！
MARS
ぷは〜〜〜お腹いっぱい！
あ〜〜〜食った食った明日の朝には牛になっちまいそうだ
肉ってほんと最高!!
食ってる時はフラれたことさえ忘れちゃってた
…ねえビリー僕…

この先 一生 恋愛なんて できない気がする 彼女のこと…あんな大事に してたのに ダメだったんだ
何言ってんだ
今日のお前の肉食っぷり、男らしくていい顔してたぜ
そ そうかな?
次はお前の ワイルドなところも ちゃんと女の子に アピールしてみろよ
もし自信が なくなりそうに なったら
またこうやって 旨いもん食って こんな星見にこようぜ!
うん!

絶品 空の下ごはん

★★★

絶品レシピ＃3

かつおと牛肉の藁《わら》焼《や》き

ツナと実《み》山椒《ざんしょう》のパスタ

リブアイ肉のバターステーキ

かつおの藁焼きの完成だよ
お肉も塩を振り藁焼きにして最後にこしょうをかけました

かつおと牛肉の藁《わら》焼《や》き

Recipe.7
「我が家の定番キャンプグルメ」
（なかむらみつのり）

調理時間
20min

使用アイテム
炭火グリル ＋ 焼き串

材料(2〜3人分)

皮《かわ》付《つき》かつお	1柵(250g)
ステーキ肉(A4)	200〜300g

かつおの薬味	
青ねぎ	1本
青じそ	2〜3枚
みょうが	2本
にんにく	1片
ポン酢	適量

ステーキの薬味	
塩	適量
黒こしょう	適量

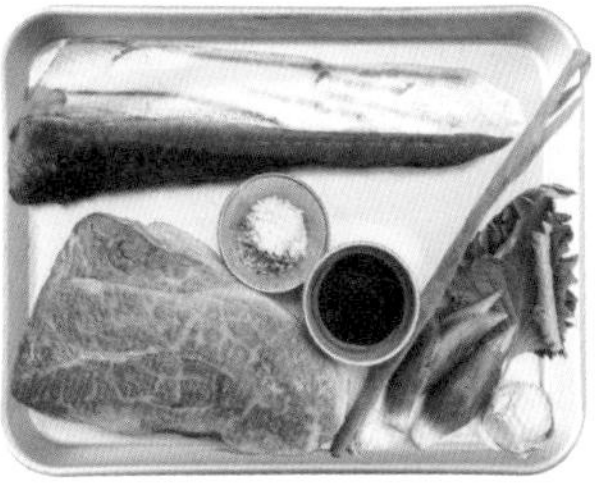

作り方

STEP1 準備をする

1 自宅でかつお用の青ねぎ、青じそ、みょうがを刻んで、保存容器に入れておく。

2 にんにくは、薄皮をむき、根元を切り落としておく。

STEP2 藁焼きをする

3 皮付きのかつおに扇形になるように焼き串を刺す。

4 焼き網面で藁をいぶし、皮目を下にして焼く。

5 皮目に焦げ目がついたら裏返し、全体的に焼き色がつくまで軽く炙る。

6 焼けたら冷水に浸して、キッチンペーパーで水気を取って切り分ける。

7 家で用意してきた薬味を振りかけ、スライスしたにんにくを散らす。ポン酢をひと回しして、軽く上から全体を叩けばでき上がり。

8 牛肉も同様に焼き串を刺す。塩を振って両面を焼き、黒こしょうをすれば完成。

牛肉を焼く時は、先に塩だけを振る。

おいしそうな焦げ色がついたら、
黒こしょうをして完成。

焼き網面に藁を投入。すぐに燃えて煙が出る。

特に皮目はしっかり焼かないと硬いので注意。

皮目が焼けたら上下を返して炙る。

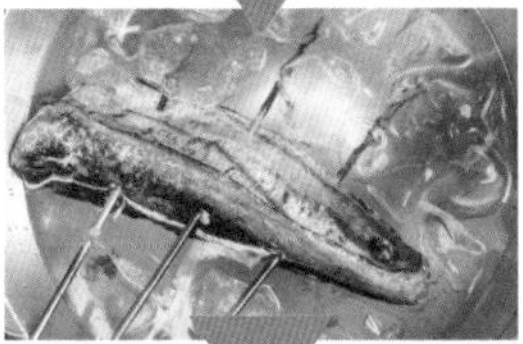

焼けたら冷水に浸して粗熱を取る。

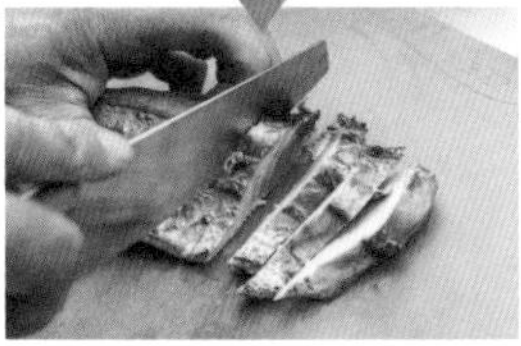

食べやすい大きさに切り分ける。

Recipe. 8
「予想外のツナパスタ」
（えきあ）

ツナと実《み》山《ざん》椒《しょう》のパスタ

調理時間

20min

使用アイテム

ダッチオーブン ＋ バーナー

材料(2人分)

スパゲッティ	200g
水	適量(具材が全て浸る程度の量)
ツナ缶	1缶
実山椒	大さじ1
玉ねぎ	1/2個(100g)
マッシュルーム	2個
にんにく	1片
オリーブオイル	大さじ1
山椒の葉	数枚
塩	小さじ1
黒こしょう	適量

作り方

STEP1 準備をする

① 玉ねぎはスライス、マッシュルームは4等分、にんにくは半分に切る。

② ダッチオーブンに①と、半分に折ったスパゲッティ、ツナ、実山椒を入れる。

STEP2 煮る

③ 具材が隠れるほどの水を入れ、塩、オリーブオイルを加えて強火で3分ほど加熱し、沸騰したら中火で混ぜながら7分ほど茹でる。(※スパゲッティの種類によって茹で時間は調整してください。)

④ 好みの硬さになったら、塩、黒こしょうを振り、山椒の葉を散らしてでき上がり。

具材を全て入れてから、具材が隠れるほどの水をゆっくり注ぐ。

焦げ付きやすいので、水分がいきわたるように混ぜながら茹でる。

山椒の葉は最後に入れることで、香りがとばずに楽しめる。

ひとこと

山椒が効いた大人味のパスタ。ぴりっとした刺激がツナとマッチし、箸が止まらない一品。

Recipe.9
「肉食系 BBQ」
（ユルルマン）

リブアイ肉のバターステーキ

調理時間

30min

使用アイテム

炭火グリル

材料(2～3人分)

牛塊肉（プライム　リブアイ）	500g
塩	適量
黒こしょう	適量
バター	お好み

作り方

1. 炭火グリルの炭は、ほどよく燃えているものを10個ほど準備する。
2. 塊肉を好みの厚さにスライスし、全体にほどよく塩を振って、常温になるように少し休ませる。
3. 炭火から肉が7㎝くらい離れるように、炭や網の高さを調整する。肉の表面に焼き目がつくように、網目に対し斜めに置いて1分ほど焼く。焼き目が格子状になるように、場所をずらして、また1分焼く。
4. ひっくり返して、③と同じ手順で格子状の焼き目をつける。
5. 好みの焼き具合にするために、肉を炭のない網の上に移動し、ミディアムなら5分、ウェルダンなら10分ローストする。
6. 仕上げに黒こしょうを振り、バターをのせる。

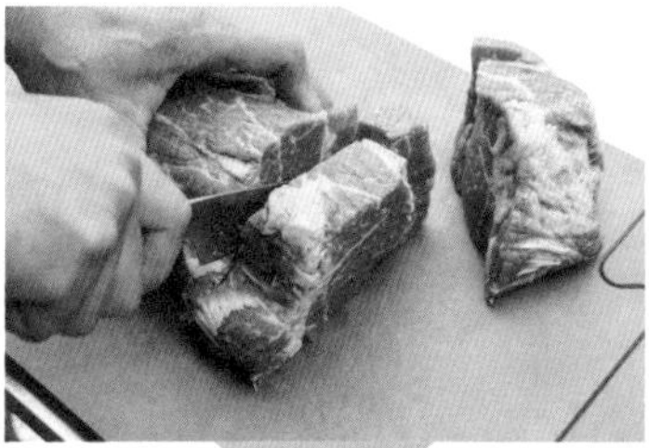

塊肉からカットする場合は、豪快に厚くしてもOK！

ほどよく焼き目がついてきたら、ひっくり返す。

ロースト時は、炭が真下になくてもじっくり熱が入る。

ひとこと

塊肉ではなく、既にカット済みのステーキ肉でも OK。

その5

これで作ろう！ キャンプめし

その他のアイテム

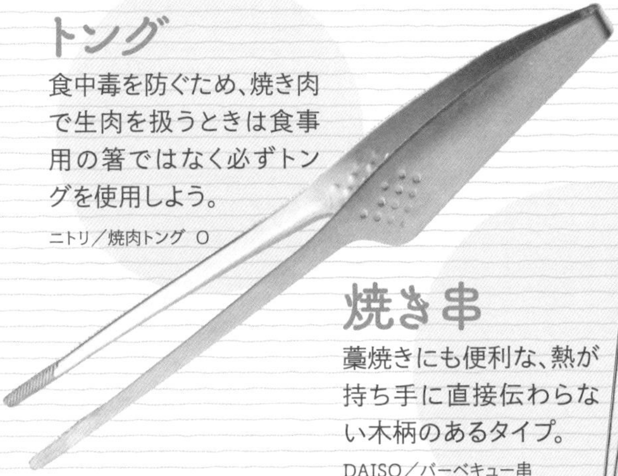

トング

食中毒を防ぐため、焼き肉で生肉を扱うときは食事用の箸ではなく必ずトングを使用しよう。

ニトリ／焼肉トング O

焼き串

藁焼きにも便利な、熱が持ち手に直接伝わらない木柄のあるタイプ。

DAISO／バーベキュー串
（30cm、5本）

ミニストーブ

折り畳みができる、固定燃料用のストーブ。メスティン料理に。

DAISO／ちょこっとストーブ
DAISO／固形燃料25gカップ入
（アルミ付）×3個入

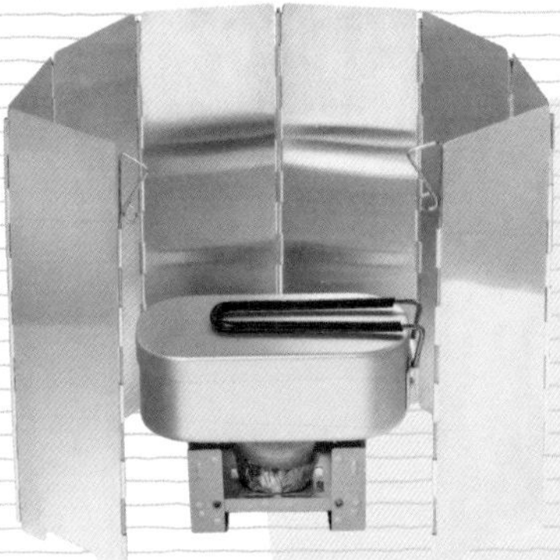

アルミ風よけ

コンロでもミニストーブでも使える風よけ。収納、持ち運びに便利なポーチつき。

DAISO／アルミ風よけ（コンロ用）

DAISO商品お問い合わせ先 https://www.daiso-sangyo.co.jp/
※ご紹介した各商品は、小売店やインターネット通販等でお求めください。クレジットのないものは編集スタッフの私物です。

Recipe.10 魔法少女プリティ☆ダッチ

わ‥
わ‥
わ‥
う〜〜〜ん…
がやがや
がや
うぅ〜〜〜ん……
やつき
わいわい
ポツン
がやがや
……
う―――ん…
結構寂《さび》しいぞ
ソロキャンプ!!
ソロキャン最高って人も
いっぱいいるから
真似《まね》てみたけどぉ…
私はわりと常に誰かと
一緒にいたい方!!
プルプルプル
女子高生
一恋《ひとこい》 椎音《しいね》

よく考えたら私 学校のトイレも 1人で行けな かったよ…
おねがい ついてきてぇ〜!! 寂《さみ》死《し》しちゃう…!
アンタねぇ…
つい勢いで揃えた キャンプ道具一式も 使い方全然 わかんないし……
帰ろうかな…
よくそれで ソロキャンプ しようと 思ったわね!!
誰!?
私はダッチオーブンの 妖精『ダッチちゃん』!!
貴女《あなた》を スカウトに来た ダッチオーブン!!
な なんですか妖精!? キャンプのこと 調べてる時に見ましたよ ダッチオーブンて… 重い鉄鍋って感じの…
そうDO《ダッチオーブン》
ダッチオーブンは 煮てよし・焼いてよしの 万能調理器具DO《ダッチオーブン》!!
それ語尾 なんですか?

そ…それで
そのダッチオーブンの
妖精さんが
私になんのご用で…？
もしかして初心者の私に
キャンプの楽しさを
教えてくれる的な…？
わく
わく
このキャンプ場に
凶悪な魔物が
近づいているDO《ダッチオーブン》
このままでは
みんな死ぬわ
倒すのは貴女！
私と契約して
魔法少女になるのよ！
あ――
ちょ…ちょーっと
待ってくださいよ！
なんで私なんですか
今 このキャンプ場で
適性あるのが貴女だけなの
断ればまず間違いなく
あの辺の家族は死ぬわね
断れないじゃ
ないですかっ!!
わかりましたよ
もう!!
よく言ったわ！
早速 変身よ！
!?
パァア

登場！ 魔法少女プリティ☆ダッチ
わぁ〜…ちょっとかわいいかも…
とっても似合ってるわよ
ていうか語尾どしたんですか
飽きたからやめたわ
さぁ！浸ってる時間はないわ!!
ダッ
そ…そうですよね早速魔物を倒しに…
違うわ！ まずはシーズニングの作業よ!!
えっ…え？
カッ!!

ダッチオーブンは最初に使う前に準備が必要なの！さぁ早速始めるわっ!!
うわ怖《こわ》!!
ボッ
ダッチオーブンのシーズニング!!
洗剤でよーく洗ったり中で数回お湯を沸かしたりして出荷時 表面に塗られているワックスを落とす！
ぐつ
ぐつ
火にかけて水気を飛ばしたら 鍋全体にオリーブオイルを塗りさらに加熱!!
煙が出るまで空焼《からや》きする！
オイル↓空焼きの工程も何度か繰り返す!!
モクモク
魔法少女になって最初の仕事でマスコットを火あぶりにするとは思わなかったです…
ボォォ
フタも同様の作業を行ってね♡
野菜の切れ端など捨てる部分を炒める！
鍋についたイヤなニオイを野菜に移せるわ!!
これでダッチオーブンを使う準備はバッチリよ♡
ジャッ
ジャッ
ま！ぶっちゃけ最近のダッチオーブンはシーズニング済みで売ってる物が殆《ほと》どネ！
洗剤で綺麗に洗えばスグ使えるわ
えっ…今の苦労は……
では早速調理開始!!
食材は私が用意したわ!!
わ…わぁありがとう…

ダッチオーブン料理
豚肉とじゃがいものロースト
底網を用意！
豚肩ロース 500g
じゃがいも 大1個
にんにく 1片
生ローズマリー 数本
塩・黒こしょう 適量
豚肉とじゃがいもをひと口大に切り
じゃがいもは皮つきのままで
まんべんなく塩を振る!!
ザ
ザッ
底網を敷いた鍋に並べたら潰したにんにく・ローズマリーをのせる!!
肉とじゃがいもはなるたけ重ならないよう並べるのがポイント♥
フタをする！
ふんふん それで…？
ガコッ
強火で3分!! それから中火で15分待つだけ!!
えっ それだけ？
ボオオッ

十数分後…
おいしそうな匂いが漂ってきました…
なんだか私もちゃんとキャンプできてる感じ…
キャーッ!!
グオォォオオッ!!
バキバキバキ
ギャーッ魔物!!
魔物忘れてましたけど!?
ちょうど料理ができた頃だわ!!
さぁ! みんなで食べましょう
はい!?
…どどうして…
魔物も何普通に座ってるの!?
開けるわよ〜♡

わーっ
いいにお～い!!
ダッチオーブンならこういうのも誰でも簡単に作れるのよ～
いただきま～す!
もぐもぐ
ん～～～～!

おいし〜〜!
お肉がやわらか〜くて…
じゃがいもはホクホクで
でも外側カリッと…
ゴッギュ
ゴキュ
喜んでもらえて
何より♡
BEER
ガウガウ♪
ドーゾ
BEER
モグ
モグ
なんだか
とっても
幸せ…♡
私 今日
ここに来て
よかったです…
ムシャ
ムシャ
からっ
ごちそうさまでした!

満腹でくつろぎたいところだけど冷めると汚れが落ちにくくなるわお片付けをしましょう
はーい!
ドドン
ギャーッ!? 殺す気か!!
ビッシャ
はい?
鉄鍋に洗剤はNG! 鍋についた油の層が流れると簡単に錆びるわ!
また水に長時間さらすのもサビの元…
汚れを落とす方法は色々だけど水を使ったら火にかけて水分を飛ばすのよ
SASARA
SUPONJI
TAWASHI
SENZAI
えっ…でも そんなことしたら油の層が…
どうしても落ちないひどい焦げ付きは金属のスクレーパーや金タワシを使うことになるわ
まぁ 油の層が落ちても再びつけてあげれば大丈夫だから そこまで気にしなくていいけどね!
SUKU REIPĀ
KANE TAWASHI
保管前にはシーズニングの時のように再びオリーブオイルを塗って煙が出るまで空焼きするとなお良し!
モク
モク
ポイガシャ
ポイガシャ
ハッ…

ツガオォォォォォッ!!
ひぃぃ!?
はっ…魔物が正気に戻ったわね!!
ど どうやって戦うんですか
魔法の準備はできてるわ いくわよ マジカル〜……
死ね〜!!
ギャアアアア!!
悪は去った…
さっきまで一緒にお食事を楽しんだ相手になんてことを……
貴女のような魔法少女がすでに99人喰われてるわよ
私 そんなのと仲良くお食事してたんですか!?
※絶対に真似しないでください
…ねぇ 椎音ちゃん
…ダッチオーブンは最初は特に汚れも落ちにくく手間がかかるわ

でも使い込んで油の層ができると汚れも落ちやすく錆びにくくなる…
長く共に過ごすほど貴女の本当のパートナーになれるの
これからも私をキャンプに連れて行ってね
…はい！
あれっ 結局 私料理して食べただけじゃない？
変身した意味って何かあったの!?
魔法少女だ
魔法少女がキャンプしてる

コラム③　マシュマロ

マシュマロはメレンゲに砂糖・シロップ・ゼラチンを加えて作る、ふわふわの食感がおいしいお菓子だが、アメリカなどではBBQ《バーベキュー》の火で大きなマシュマロを焼くのが定番。また「スモア」という焼いたマシュマロとチョコレートを全粒粉のグラハムクラッカーで挟んで作るアメリカとカナダの伝統のスイーツも、BBQでは欠かせない一品。

絶品
空の下
ごはん

あ
月が…
桜子《さくらこ》もう帰ってるかな？
一緒に見たい
いそ
いそ
Recipe.11
癒《いや》しの満月パンプディング
雨宮もえ
ただいま～
!!
どよぉーーーん゛
桜子!?

きぃちゃん お帰りぃ…
キャンプ 楽しかったぁ…？
あ うん… それより どうしたの？
仕事が… 繁忙期で……
疲れたよう…
ご飯は？
いらなあい…
ちょっと 待ってて
ん…

・りんご
・豆乳
・砂糖
・レーズン
・ラム酒
・食パン
・バター
・卵
・シナモン／クローブ
（お好みで）
トン
おいしい
調整豆乳
おいしいパン
レーズン
RUM
豆乳を200mℓ
砂糖大さじ２
卵２個
パン１枚を
ひと口サイズに
ちぎって浸す
サリ
サリ
皮アリもイイ!!

ガサゴソ
あ
きいちゃんが大切にしてるスキレットだ
……?
なに作ってるんだろう…

ジュー
ジワジワ
くるっ
砂糖大さじ１
レーズン
ジュワッ
ラム酒大さじ２
フワ…
いい匂い…
……きいちゃん
なに作ってるの？
桜子の元気がでるもの
…！

ジュワワ
りんごとパンに
焼き目がついたら
ボウルの残りを入れ
均一に固まるよう
動かしながら焼いていく
おいしそうな色になってきた
よし 桜子 ベランダで食べよう
ベランダ? 寒くない?
寒いからいいんだよ
えー

桜子
上見て
…!
満月だあ
お月見――
ベランダキャンプしよ

コト
ドキ
ドキ
ドキ
ホワ…
りんごと豆乳の
パンプディング

うわぁぁ
おいしそ
いいにおい
きいちゃん 食べてもいいの!?
どうぞ
くす
いただきます!!
フー…
ん〜〜〜!!
んまい!!
いきかえる〜

りんごは疲労回復効果抜群だから沢山お食べ
きいちゃん…
そしてこのコーヒーもおあがり~
きいちゃんんんんん!!
はあ~幸せ…
月がキレイだね~
だね

絶品 空の下ごはん

★★★

絶品レシピ#4

豚肉とじゃがいものロースト

りんごと豆乳のパンプディング

Recipe.10
「魔法少女プリティ☆ダッチ」
（やつき）

豚肉とじゃがいものロースト

調理時間 30min

使用アイテム
ダッチオーブン + 底網 + バーナー

材料(2〜3人分)

豚肩ロース肉	500g
じゃがいも	大1個(200g)
にんにく	1片
生ローズマリー	数本
塩	適量
黒こしょう	適量

作り方

STEP1 準備をする

① 常温に戻しておいた豚肉とじゃがいもをひと口大に切り、まんべんなく塩を振る。

② 鍋に底網を敷き、①を並べて、潰したにんにくを加え、ローズマリーをのせる。

STEP2 ローストする

③ フタをして3分ほど強火にかける。

④ さらに中火で15分ほどローストし、お好みで塩と黒こしょうを振ったらでき上がり。

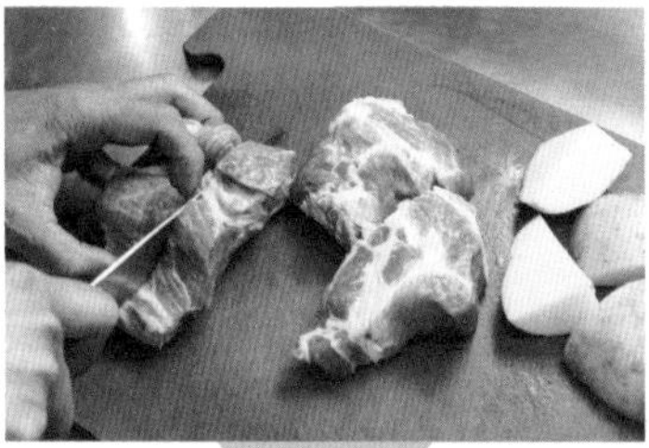

豚肉とじゃがいもをひと口大に切る。

ローズマリーは、肉の香り付けや臭み消しに使われるハーブで、じゃがいもとの相性もいい。

黒こしょうを最初から振ると香りがとんでしまうので、ロースト後に振る。

ひとこと

鍋底に敷く底網はロースト料理に欠かせないが、アルミホイルでも代用できる。にんにくの芳ばしい香りとあふれ出す肉汁が絶品。

りんごと豆乳のパンプディング

Recipe.11
「癒しの満月パンプディング」
（雨宮もえ）

調理時間
30min

使用アイテム
フタつきスキレット + バーナー

材料（2人分）

食パン	1枚
りんご	1個
豆乳	200mℓ
砂糖	大さじ2
卵	2個
バター	20g
ラム酒	大さじ2
レーズン	12粒
シナモンスティック	1本（お好みで）
クローブ	3個（お好みで）

作り方

1. ボウルに卵を割り入れ、砂糖を加え泡立て器でかき混ぜてから、豆乳を加えて混ぜる。
2. ①にちぎったパンを入れ、ひたひたになるくらいよく味をしみ込ませておく。
3. りんごをくし形に切り、更に半分に切る。スキレットを中火で熱し、バターを入れ、りんごを加える。少し焦げ目がつくくらい焼き、ラム酒とレーズン、シナモン、クローブを加え中火で煮込む。りんごが柔らかくなったら、一度取り出す。
4. ③のスキレットに②の卵液に浸しておいたパンを入れ、少し焦げ目がつくように両面を焼く。
5. ③のりんごをパンの隙間に並べ、レーズン、シナモン、クローブを散らす。
6. 残った卵液を流し入れ、均一に固まるように箸でつつきながら、弱火で3分ほど焼き、火を消す。フタをして3分蒸し焼きにする。

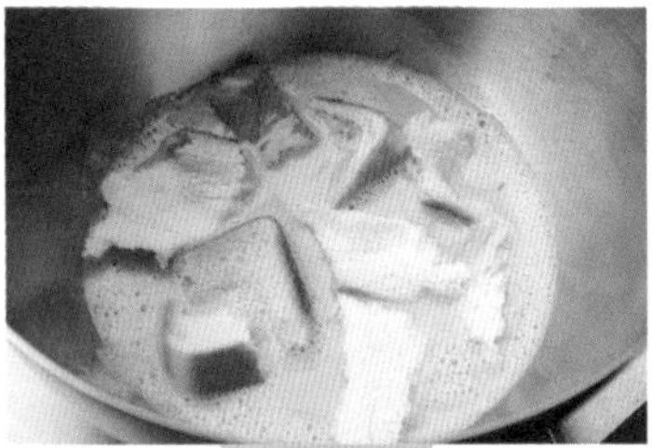

パンにしっかりと卵液をしみ込ませることが大切。

りんごにはしっかりラム酒がしみ込むよう、色みが変わるまで焼く。

パンとりんごの隙間を埋めるように卵液をゆっくり流し込む。

ひとこと

食パンではなく、バゲットでもOK。
バゲットを使用すると、違った食感が楽しめる。

あとがき

星月せれな

誰と一緒
なんだっけ?

初グルメ漫画！ 初商業掲載！ でドキドキでしたが、楽しんでいただけたらとても嬉しいです！ 今回、原稿をフルアナログで仕上げた作家が私以外いなかったそうで時代を感じました。編集部の方々、料理監修の小雀さん、原稿を手伝ってくれた O さん本当にありがとうございました！

https://twitter.com/kurage_01

市川ヒロシ

キャンプ歴はまだ浅いですが「こうじゃないとキャンプじゃない」なんてルールはないと思っています。自分が楽しくて他人に迷惑さえかけなければなんだってOK。とりあえずはじめてみて、自分にあったキャンプスタイルを探してみてはいかがでしょう？

https://twitter.com/ichikawahiroshi

白樺まさら

メスティンって何でも作れちゃう！ すごい！ と舞い上がってたのは最初だけで、料理の腕が上がるわけではないのを思い知ったのは10品ほど作ってからでした。というわけで、一番上手く作れた物が漫画に反映されております。この度はお声掛けいただきありがとうございました！ 描いてて楽しかったです！

https://twitter.com/shirakabamasara

伊藤伸平

広告品
683

作中の調理中の絵は実際に作ったものの写真を元に作画。なのに五香粉《ウーシャンフェン》の香りに惑わされ完成品の写真を撮らずに完食という痛恨のミス。

https://twitter.com/mio_odagi

公式サイト https://www.hyperdolls.com/

コウノコウジ

何
この初めての感じ!?
舌で味わうだけじゃなくて
まるで身体《からだ》中から旨味を吸収してるみたいな

外で食べる飯には魔法がかかる。子供の頃、遠足で食べる弁当はいつものよりも何倍も旨かった。それが作りたてならなおさらだ。旨いに決まっている。多少味付けを失敗しようが、焦がそうが、それでも旨い。1人であっても、やっぱり旨い。不思議だ。

https://twitter.com/KOJIKONO

高田サンコ

参考にした鶏もも肉の煮込みはとてもシンプルで簡単なレシピだったので「お料理苦手な人が挑戦してくれたらいいな〜」と、お話を作ってみました。とても楽しく描かせていただきました。またどこかでお目にかかれたら嬉しいです！

えきあ

できたよ!

参加させていただきありがとうございました！ レシピに基づいた漫画を描くのは初めてでしたので緊張したのですが、実際にレシピの通り作ってみるのが楽しくて、しかもおいしくて…ステキな経験でした！ ダッチオーブン、これからもいろんなお料理に使っていきたいと思います！

https://twitter.com/ekiaroll

なかむらみつのり

お肉も塩を振り
藁焼きにして
最後にこしょうを
かけました

休日になると奥多摩や秩父の方に登山に行きます。夏場はクワガタやカブトムシとも遭遇する時もあり、子供と一緒に感動し、いい汗をかいて温泉。そしてキャンプ飯は忘れられない思い出になります。この文章を書いてる前日も実はキャンプに行き、かつおと肉を藁焼きにしました。今回は新たにくじらの刺身の柵を藁焼きにしたら絶品でしたよ！

https://twitter.com/JETNAKAMURA

やつき

「なんか私たちだけえらい浮いてませんか !?」

「そうネ！ 死ぬしかないわネ !!」

https://twitter.com/_yatsuki

ユルルマン

さあっ
食おう!

旨い肉が食べたいっ…！ から始まり今回の漫画ができ上がりました。実際リブアイステーキを食べに行きましたが、とってもおいしかったです。レシピと漫画の相乗効果で、読者の方にも楽しんで作っていただけたら何よりです。この度は参加させていただきありがとうございました！

公式サイト https://hurlement0606.wixsite.com/hurlement

小雀陣二

作中に登場する料理をよりおいしく、手軽になるように監修させていただきました。
写真や動画にはない、漫画ならではのおいしさや臨場感、楽しさが感じられると思いました。
みなさんも実際に試してみてください。

https://www.facebook.com/kosuzumejunji/

雨宮もえ

ん〜〜〜!!
んまい!!

りんごと豆乳のパンプディング、本当においしいので是非お試しください〜！ 日曜日の朝食にもオススメです。淹れたてのコーヒーも一緒に…って考えてたらお腹がすいてきました。私もまた作るぞ〜！ ありがとうございました！

https://twitter.com/0_ameya

公式サイト https://negi-comics.com/

感想&お便りはこちらへ

この本でご執筆いただきました先生方への作品の感想やご意見、お便りをお待ちしております。

〒102-8195 東京都千代田区九段北4-2-29 株式会社世界文化ブックス コミックビジネス部

カバーイラスト　市川ヒロシ（描き下ろし）
雨宮もえ、えきあ、
コウノコウジ、ユルルマン
撮　　影　武蔵俊介
撮影協力　イレブンオートキャンプパーク
デザイン　西原博之（growerDESIGN）
校　　正　株式会社円水社
編　　集　田中達郎、齋藤 華

絶品 空の下ごはん

発 行 日　2021年10月15日　初版第1刷発行

著　　者　雨宮もえ、市川ヒロシ、伊藤伸平、えきあ、
コウノコウジ、白樺まさら、高田サンコ、
なかむらみつのり、星月せれな、やつき、ユルルマン
料理監修　小雀陣二
発 行 者　竹間 勉
発　　行　株式会社世界文化ブックス
発行・発売　株式会社世界文化社
〒102-8195
東京都千代田区九段北4-2-29
電話　03-3262-5327（編集部）
電話　03-3262-5115（販売部）
印刷・製本　中央精版印刷株式会社
製　　版　株式会社二葉企画

ISBN 978-4-418-21315-3